L'ABBÉ ELIE PERRIN

Mon journal

DE VOYAGE

en Calabre

(2-15 décembre 1887)

BESANÇON

IMPRIMERIE H. BOSSANNE, 19, RUE RONCHAUX

—

1897

DIX ANS APRÈS

Un soir d'octobre, le directeur d'une revue littéraire, à court de copie, me vint exposer sa détresse et me prier de lui être secourable. Comme je protestais à la fois de mon bon vouloir et de mon impuissance, « Cherchez donc, « me dit-il, dans vos cartons, vous avez bien un article en réserve. Donnez-moi n'importe quoi. »

N'importe quoi?... Alors je me mis à chercher, et je trouvai quelques feuillets écrits, au cours d'un voyage en Calabre, il y a dix ans, et nullement destinés à la publicité.

Mon homme les saisit, les emporta, les publia dans son périodique, leur fit même par après l'honneur très imprévu d'un tirage à part.

Et voilà comment est née cette plaquette dont les lecteurs diront sûrement qu'elle ne méritait pas de naître.

Besançon, novembre 1897.

MON JOURNAL DE VOYAGE

EN CALABRE

Naples, 2 décembre 1887.

Me voici au début d'un voyage qui doit être long. J'accompagne un religieux de mes amis, Dom Salvio, qui se rend en visite à la chartreuse de Serra-San-Bruno, dans la Calabre. Partis de Rome à 1 heure, nous arrivons à Naples à 7 heures, sans incident et sans émotion. Le chemin est en somme assez peu intéressant, si vous exceptez le formidable aspect du Mont-Cassin. Le vieux Moustier se dresse comme une forteresse, au sommet d'une montagne fort escarpée qui domine la voie ferrée. Salut et paix aux générations de moines qui se sont succédé, de saint Benoît jusqu'à nous, s'élevant vers Dieu par la prière et par l'étude.

3 décembre.

Dom Salvio connait un prêtre napolitain, recteur d'une petite chapelle dans laquelle nous allons célébrer la sainte messe. Il n'est point facile d'arriver jusqu'à Dom Giacomino, vu qu'il habite sur la montagne, du côté du fort Saint-Elme. Il faut monter, monter... Enfin nous y voilà. Dom Giacomino nous reçoit en ami, et met sa chapelle à notre disposition. Quelle chapelle! Une cave humide, froide, sale, oui, sale! Dom Giacomino est Napolitain, étranger par conséquent à ce sentiment de décence, de propreté que vous rencontrez chez le dernier des curés francs-comtois.

Nous célébrons le Saint Sacrifice en demandant pardon à N.-S. de le faire descendre en une demeure si peu digne de lui. Après quoi, Dom Giacomino nous emmène dans sa famille, car il a avec lui sa vieille mère, sa sœur, son frère, qui lui sert de sacristain, une nièce. Ce monde-là parle napolitain, si bien qu'à peine puis-je saisir quelques mots. On nous offre le café; c'est la politesse des Napolitains.

Nous montons de là à la chartreuse de San-Martino. Ce florissant monastère a été sécularisé par le gouvernement piémontais, il n'y reste plus que trois religieux, lesquels, à leur mort, n'auront pas de successeurs. L'église, la sacristie, les cloîtres ont été transformés en musée, et les pauvres religieux sont parqués dans un coin de leur ancien domaine.

Après avoir salué les confrères, un d'eux nous

sert de guide dans la visite des curiosités du lieu. Quelle richesse, quelle magnificence! Le cloitre a cent colonnes de marbre, l'église est tout marbre, ou peinture. Des balustrades découpées comme une dentelle, des fleurons en marbre, fouillés avec une merveilleuse délicatesse, des tabernacles ornés de perles, de lames d'or, d'agathe, de lapis-lazuli, tout est resplendissant. Les peintures sont de Ribera, de Lucca Giordano, du Caravage. Les boiseries sont magnifiquement sculptées. Dans les angles se dressent des statues de toute beauté.

La sacristie n'est pas moins intéressante. Tous les buffets et armoires en sont de bois précieux orné d'incrustations. Le reliquaire est extrêmement riche. J'y ai vénéré, conservée dans une petite ampoule de cristal, une mèche de cheveux de la Sainte Vierge.

Une autre curiosité de San-Martino, c'est sa crèche de Noël. Elle ressemble un peu à un théâtre de polichinelle, mais c'est merveilleux d'invention, d'harmonie, de brio. Les rois mages avec leur suite viennent faire leurs adorations au divin Bambino. L'auteur a trouvé moyen de faire entrer en scène des milliers de personnages avec des paysages aux plus magnifiques perspectives.

Toutefois, quand on arrive au Belvédère de San-Martino, on oublie tout le reste. Voir

Naples et mourir! Vous êtes perché au-dessus de la ville, et pourtant si proche que tous les bruits arrivent distinctement à votre oreille. Naples, son golfe, ses iles. le Vésuve qui jette vers le ciel sa colonne de fumée, spectacle inoubliable. Malheureusement pour moi, le temps passe trop vite dans la contemplation de ces chefs-d'œuvre des hommes et de Dieu. L'heure est venue de redescendre en ville. de diner et de partir.

Pompéi, 3 et 4 décembre.

Le trajet en chemin de fer de Naples à Pompéi dure à peu près une heure, heure délicieuse, par un temps limpide comme celui-ci, au déclin du jour. On a la mer d'un côté, le Vésuve de l'autre, un paysage à la fois riant et terrible. A mesure que la nuit approche, le cratère du volcan se colore de sombres lueurs. Un torrent de lave qui coule perpétuellement et que, durant le jour, on n'aperçoit pas, dans l'obscurité apparait comme un immense fleuve de feu. De ma fenêtre, à l'*Albergo del Sole*, j'ai longtemps contemplé ce spectacle avant de m'endormir.

Sur les ruines de l'antique Pompéi, on a élevé, ces derniers temps, en l'honneur de Notre-Dame du Saint-Rosaire, une magnifique église encore inachevée. A côté, sont établis deux orphelinats et une imprimerie, le tout dans un but exclusivement pieux. Chose singulière, c'est un laïque, l'avocat Bartolo-Longo, et une noble Napolitaine, la comtesse del Fusco, qui sont à la tête de ces œuvres auxquelles ils ont voué leur vie et leur fortune. Ils ont pour auxiliaires des laïques, hommes et femmes qui vivent en deux communautés séparées, l'une sous la direction de l'avocat, l'autre sous celle de la comtesse. Les prêtres n'interviennent que pour assurer le service religieux.

La madone de Pompéi fait, dit-on, des miracles. Ce qui est sûr, c'est que la dévotion à ce sanctuaire va croissant chaque jour.

Nous avons célébré la messe, puis visité les orphelinats et salué l'avocat et la comtesse. Ceux-ci semblent vraiment animés de l'esprit de Dieu, et d'un dévouement à toute épreuve.

Il nous restait à parcourir les ruines de la cité romaine. C'est une excursion des plus intéressantes. On y saisit sur le vif la civilisation antique avec ses splendeurs et ses misères.

Dans une salle qui sert de musée sont conservés quelques cadavres pétrifiés, retrouvés dans l'attitude même où la mort les saisit : c'est horrible à voir.

Le tiers seulement de la ville est découvert, les fouilles continuent.

Squillace, 5 décembre.

A 2 heures, nous partons pour Catanzaro. Un affreux orage éclate au milieu de la nuit. Eclairs, tonnerre, pluie, grêle, de ma vie je n'ai assisté à pareille tempête.

A six heures du matin, nous arrivons à Catanzaro sur les bords de l'Adriatique. Le ciel est redevenu serein, une brise fraiche souffle de la mer. Le curé du lieu, que mon compagnon connait, nous procure un guide et deux montures. A cheval donc, et en avant pour Squillace !

C'est une petite ville qui se dresse au sommet d'une montagne fort escarpée, sur le bord de l'Adriatique. Nous traversons un pays extrêmement pittoresque, le chemin serpente à travers des forêts d'orangers, de citronniers, d'oliviers et de figuiers.

La première personne que nous rencontrons en arrivant est justement une connaissance de mon compagnon. Le docteur Carnevale nous conduit chez lui, nous présente sa famille, et selon l'usage du pays, nous offre le café. De là, nous allons chez l'évêque. Celui-ci, bon petit vieillard, qui ne parle que du bon Dieu et de la Madone, nous reçoit à bras ouverts, et nous fait prendre le café en attendant que le diner soit prêt. Vous imaginez-vous ce que peut être le palais épiscopal de Squillace? Un grand bâtiment qui sert à la fois de demeure à l'évêque et de grand et petit séminaire. Les plus belles pièces ressemblent à des greniers, les meubles en sont plus pauvres que ceux de n'importe quel presbytère français. Les pourceaux viennent sans façon déposer leurs ordures sur le seuil du palais, et se promener dans la cour. En revanche, quel site enchanteur ! quelles échappées de vue sur les montagnes et sur la mer ! Pourquoi faut-il que sous un ciel si pur, les maisons soient si sales, les rues si puantes, les personnes si guenilleuses !

J'ai visité le séminaire : les élèves ont des physionomies très intelligentes, mais ils sont malpropres ; leur chapelle est hideuse. Un des professeurs fumait paisiblement sa pipe sur le seuil.

Nous passons ici la soirée et la nuit. Je ne saurais trop rendre hommage à la bonté de l'évêque, à sa généreuse hospitalité, à la complaisance des gens qui le servent.

Serra-san-Bruno, 6 décembre.

Le voyage a été rude. A 7 heures du matin, deux mulets étaient prêts ainsi que le guide. Nous prenons congé de l'évêque, puis du bon docteur Carnevale qui nous accompagne jusqu'à la porte de la ville, et nous montons en selle. Ah! mes pauvres jambes, endolories déjà par la cavalcade de la veille, en ont vu de dures! Nous allions par monts et par vaux à travers le pays le plus pittoresque qu'on puisse rêver, mais le plus dépourvu de chemins passables. Là, on trouve un torrent, ici on grimpe par un sentier si étroit, qu'il y a à peine place pour le pied des montures. Braves bêtes que ces mulets! Rien ne les décourage, et leur jarret se prête aux plus périlleuses ascensions.

Nous rencontrons, chemin faisant, des files de paysans et de paysannes, mal vêtus, pieds-nus pour la plupart, malpropres tous, mais avec cela de physionomie intelligente, d'allure décidée. Les hommes sont coiffés de petits chapeaux pointus, les femmes d'une sorte de voile en toile grossière qui retombe assez gracieusement sur leurs épaules demi-nues. Chaque groupe est régulièrement accompagné d'une escouade de pourceaux noirs qui suivent leur propriétaire, comme un chien suit son maître.

Les villages vus de loin, ont bon aspect. Les chaumes, entourés de verdure, le petit clocher qui monte vers le ciel bleu, vous font croire que vous entrerez tout à l'heure dans un pays civilisé. Erreur! ces maisons sont de vraies huttes indiennes, où bêtes et gens grouillent ensemble. Les rues sont des fleuves de boue et d'ordures,

où les porcs et les enfants se vautrent à l'envi.
L'odeur qui se dégage de partout, défie toute
analyse. Tas de saligauds! disais-je, en éperon-
nant ma monture, afin d'être plus vite en pleine
campagne, où du moins je pourrais respirer à
l'aise.

Chose assez singulière : cette population
calabraise offrirait à un artiste des types d'une
rare beauté, des yeux intelligents et vifs, des
cheveux d'un noir intense, des formes harmo-
nieuses, un ensemble de rares qualités plas-
tiques qui contraste avec la pauvreté du vête-
ment et de l'habitation.

Après avoir chevauché quatre mortelles heures
nous arrivions à Chiaravalle, brisés de fatigue
et affamés. Le bon évêque de Squillace nous
avait offert au départ une simple tasse de café
noir. Autant dire que nous étions à jeun.

Trouverons-nous de quoi manger en ce village? Voici l'hôtel, un bouge infect. La même
pièce, d'ailleurs assez étroite, sert de cuisine,
de cave, de comptoir, de salle à manger. Nous
entrons malgré toute répugnance, et prenons
place au bout de l'unique table où siègent quatre
ou cinq paysans. On sert à mon compagnon du
poisson et des œufs, à moi du bœuf bouilli sur
des choux, et une oreille de porc rôtie, du pain
d'orge, et une bouteille de vin passable.

Mais déjà notre présence a éveillé la curiosité des indigènes, et la chambre est envahie par une foule de gens qui veulent contempler les étrangers. A leur aise ! Pour moi je mangeais sans rien voir ni entendre. La malpropreté du lieu, le mauvais aspect de ma pitance, l'étrangeté de l'entourage, rien ne put m'empêcher de faire presque un bon repas.

Pendant ce temps, on nous préparait une voiture... Nous y montons à une heure. Les trois chevaux partent au galop, et à quatre heures, nous touchons à la chartreuse de Serra.

Serra, 7 décembre.

Serra est le lieu où mourut saint Bruno. Le vénéré patriarche, appelé à Rome par son ancien élève, le pape Urbain II, en obtint, à force d'instances, la permission de retourner à la solitude, et vint s'établir dans l'endroit le plus désert et le plus sauvage des Calabres. Il y mourut. La Chartreuse fondée par lui, fut longtemps prospère, grâce aux libéralités des souverains du pays. Mais, en 1783, un tremblement de terre la détruisit presque entièrement : les ruines actuelles attestent la splendeur de l'édifice ancien. Au milieu de ces ruines, on a construit une modeste maison où quelques religieux gardent les reliques de leur saint fondateur.

8 décembre.

La fête de l'Immaculée-Conception est célébrée par les Chartreux, non à-la Chartreuse même, mais dans une église voisine, Santa-Maria, construite près de la grotte où vécut saint Bruno. Pour nous y rendre, par une pluie torrentielle et un chemin tout effondré, nous montons en équipage. Il s'agit d'un tombereau à deux roues traîné par une paire de bœufs gris. Vous n'avez jamais rien vu de si pittoresque. Qui nous eût peints au naturel, passerait pour un caricaturiste émérite. Nous sommes cahotés, bousculés, Dieu sait comme ! Mais enfin nous arrivons. Je célèbre la messe basse, après quoi le prieur chante la messe solennelle ; la musique du village voisin s'y est rendue ; quatre prêtres y représentent le clergé de Serra. Figurez-vous que les montagnards de ce pays ont de remar-quables aptitudes artistiques. Ces sept ou huit musiciens nous exécutent les morceaux les plus compliqués avec une rare habileté ! J'admirais surtout en eux un sentiment exquis de la mélodie, une expression bien comprise, des nuances, sans lesquelles la musique dégénère en charivari.

A la fin de la messe, on chante, au son des instruments, une litanie qu'un prêtre du pays ici présent a composée pour la circonstance et

très belle; puis on revient, comme on était venu,
dans le tombereau.

Nous avons à dîner quelques prêtres et laïques,
amis du monastère et un petit chartreux âgé de
huit ans!... Il n'est pas rare, ici, que, pour obtenir le salut d'un enfant malade, une mère
fasse un vœu à saint Bruno, à savoir que si l'enfant vient à guérir, il portera l'habit monacal
tant de mois ou d'années. C'est ce qui est arrivé
à Dom Vincenzino. Et il faut voir si le petit
Calabrais a bonne grâce dans sa robe de laine
blanche et son capuchon pointu! Une autre ins-
titution du pays et qui n'a rien d'analogue en
France est celle des *Monache da casa*. Dans
beaucoup de familles, des jeunes filles font vœu
de renoncer au mariage, aux plaisirs du monde,
rasent leurs cheveux et prennent un habit religieux. Sans quitter la maison, elles y vivent,
autant que possible, de la vie claustrale, suivant
un règlement approuvé par leur confesseur, et
partagent leur temps entre la prière et les soins
du ménage ou d'autres travaux manuels. Ces
sortes de religieuses domestiques sont très res-
pectées de la population; leur présence est re-
gardée comme une bénédiction pour la famille.
Mais malheur à celle qui se lasserait du genre
de vie une fois embrassé! Elle serait déshonorée
pour toujours.

Nos convives nous invitent chaudement à descendre demain au village et à leur rendre visite. Nous irons.

Serra, 9 décembre.

De plus en plus je me convaincs que je suis en un singulier pays. Selon nos promesses de la veille, nous sommes allés, le P. Salvio mon compagnon de route, le P. Prieur de Serra et moi, rendre visite aux Serrésiens.

Serra est un bourg de cinq à six mille habitants. Les maisons s'étendent de chaque côté de la rue principale sur la longueur de plus d'un kilomètre. Toutes sont sales et la plupart sont pauvres. Au milieu des cases émergent, par ci par là, quelques constructions bourgeoises.

C'est dans un de ces *palazzini* que nous descendons d'abord, chez *Dom Cesare Tedeschi*, car Dom Cesare est l'ami de la Chartreuse. C'est un petit homme, très vif, très causeur, et qui se fait gloire d'avoir été incarcéré comme clérical et royaliste par les Garibaldiens, lors de l'invasion des Calabres. A peine sommes-nous entrés que déjà il faut prendre une tasse de café. Pendant ce temps, la famille Tedeschi se réunit autour de nous et chacun vient tour à tour nous baiser dévotement la main. C'est une famille patriarcale. Il y a là des oncles, grands-oncles, tantes, grand'tantes, frères, sœurs, nièces, neveux. On ne sait où la dynastie commence ni où elle finit.

Dom Cesare a deux fils, l'un de dix ans, qui porte l'habit ecclésiastique, l'autre de huit ans, qui est habillé en chartreux ; et deux fillettes, dont le papa se promet de faire deux *monache* ou religieuses. Les amis de la casa Tedeschi nous sachant arrivés, viennent nous présenter leurs hommages ; le syndic lui-même nous rend visite en redingote. Les chambres se remplissent, tandis que, sur la porte, les curieux se rassemblent pour nous examiner quand nous sortirons.

Le chanoine Tedeschi, oncle de Cesare, qui occupe dans la maison un quartier séparé, nous invite à monter chez lui. Quelle odeur se dégageait de ce bouge ! Bonté divine ! J'ai remarqué que les Calabrais eux-mêmes, si familiarisés pourtant avec toute sorte de puantes choses, se bouchaient les narines. Jugez si c'était fort ! Les larmes m'en venaient aux yeux ; mon compagnon allait pâmer. Aussi la visite fut courte, et plus le vieux chanoine nous invitait à prendre un siège, plus nous nous retirions du côté de la porte.

Enfin, sortis de cette sentine infecte nous allons visiter l'église. C'était tomber de Charybde en Scylla. De toutes les maisons de Serra, la plus malpropre est encore la maison de Dieu. Et notez que, par ailleurs, cette église est belle et riche. Ce ne sont qu'autels de marbre, statues,

.peintures. Mais tout cela est enseveli sous la crasse. Jamais brosse n'a passé sur les meubles ou les décors, jamais balai sur le pavé. Cinq ou six générations de fidèles ont déposé sur les dalles de larges crachats dont le temps a respecté l'empreinte. Je pourrais, à défaut d'autres témoignages, prouver par là que l'église de Serra est très fréquentée. Il y a dans le trésor de la sacristie un merveilleux ostensoir, exécuté sur les dessins d'un artiste du pays, et que certainement Benvenuto Cellini ne désavouerait pas.

Nous nous rendons ensuite chez Dom Ferdinando, un bon et gros prêtre, à la face épanouie et bienveillante. C'est un musicien qui, s'il n'a pas tous les secrets de l'art, en a certainement le génie. Il s'est formé à peu près seul, sans leçons, sans autre guide que son goût naturel. Mais il faut l'entendre exécuter sur le piano-forte ou sur l'orgue, les mélodies dont il est lui-même le compositeur. Le voilà parti, il ne se possède plus ; il est intarissable, ses doigts assouplis par un long exercice, se promènent sur le clavier avec une aisance incomparable. Je saisis une flûte et il m'invite à jouer sur n'importe quel thème et m'accompagne dans tous les tons et selon toutes les mesures. Que j'improvise ou que je traduise des réminiscences classiques, peu lui importe à lui, il me pressent, me devine, m'entraîne. C'est entre lui et moi une sorte de tournoi dont tous les honneurs lui reviennent.

Mais ce n'est pas tout de jouer, il faut dîner pourtant. Et c'est Dom Ferdinando encore qui nous rassasie de macaroni, comme il nous a rassasiés de musique. Dom Ferdinando a convoqué le ban et l'arrière-ban de ses parents et amis, la tablée est complète, le menu, apprêté à la calabraise, est abondant et varié. Mais le service ne rappelle guère nos habitudes françaises. On verse à chacun du vin dans un petit verre. Pour l'eau, il y a un grand verre qui sert à tout le monde, qu'on se passe à la ronde et où chacun prend une lampée. Même il arrive qu'en signe d'amitié votre voisin boit à votre verre de vin et vous invite à boire au sien ; c'est drôle, fort drôle. Du reste, on est gai et tout le monde parle à la fois.

Après le dîner, qui a été long, on se remet à la musique. Puis un de nos convives, l'avocat Dom Gabriele, nous invite à passer chez lui pour essayer un piano tout frais venu de Naples. La caravane s'y transporte et *ra-ta-plan...* Mais comme la nuit est venue, il faut songer à regagner le logis.

10 décembre.

Il pleut, j'écris.

11 décembre.

Il pleut plus fort qu'hier. Sur le sommet de la montagne je vois la neige. Il est bientôt temps que nous partions d'ici.

12 décembre.

Nous dînons chez notre ami Dom Cesare. A trois heures, une voiture attelée de quatre chevaux vient nous prendre afin de nous conduire à la station la plus proche, où nous prendrons le train direct de Naples. Les flâneurs se sont rassemblés pour assister à notre embarquement. Nos amis, beaucoup de prêtres, viennent nous saluer et tout le monde nous crie : *Buon viaggio! Felicè viaggio* ! Ce souhait est bien ici à sa place. Car le chemin est long et pénible à travers les montagnes et les forêts. La route est mauvaise, nous sommes cahotés, bousculés cinq heures durant. Et quand nous arrivons à la station, impossible d'y trouver quoi que ce soit à manger ou à boire. C'est une maison isolée, à plusieurs kilomètres du plus proche village. Que faire ? Attendre pendant deux heures le passage du train dans une salle froide et glacée. A onze heures le départ.

13 décembre.

J'ai dormi comme on peut dormir en wagon...

Mon compagnon, lui, n'a pu fermer l'œil. Aussi se trouve-t-il bien fatigué.

Le chemin de fer de Pontenza à Eboli est extrêmement pittoresque. A l'aspect naturellement sauvage du pays, les ruines occasionnées par les tremblements de terre, si fréquents en cette région, ont ajouté je ne sais quel cachet de tristesse et de deuil. Les vallées sont désertes et ravinées. Toutes les villes, villages ou hameaux sont perchés comme des nids d'aigles sur le sommet des montagnes.

A mesure qu'on approche de Salerne le paysage s'égaie... Voici la mer, la riche végétation du midi, les somptueuses villas. Arrivé à la petite cité de La Cava, je m'arrête et laisse mon compagnon me devancer à Naples. La Cava est célèbre par sa riche abbaye bénédictine, fille et rivale du Mont-Cassin. Mon but est précisément de visiter l'illustre monastère et d'obtenir, pour un de mes amis, certains renseignements paléographiques. J'ai rarement fait excursion plus agréable. Le couvent est situé à une heure de la ville, sur une hauteur, adossé contre un rocher. A mesure que l'on monte de ce côté, l'œil découvre des perspectives de plus en plus splendides. L'horizon est fermé par une série de montagnes escarpées. En voyant ces sommets dénudés, vous croiriez apercevoir un coin du Jura ou de la Suisse. Mais regardez les parties basses, elles sont couvertes de citronniers et d'orangers, de cette verdure perpétuelle qu'on ne saurait trouver sous le ciel du nord. Puis, au loin, à travers les découpures des collines, n'apercevez-vous pas d'un côté le golfe de Palerme, de l'autre celui de Naples qui s'étalent comme des miroirs d'argent ? Heureux les habitants de ce pays enchanteur ; qui ne désirerait être l'hôte d'une de ces maisons qui percent à travers le feuillage ?

J'ai trouvé au monastère un personnel extrêmement obligeant et aimable. Le représentant du R. P. Abbé m'a fait un bienveillant accueil et m'a conduit dans la splendide salle des archives. J'ai admiré comme tout y est propre, rangé, étiqueté, catalogué. L'église est merveilleusement tenue. On ne se croirait pas en Italie. Enfin, les employés qui vous accompagnent et vous guident dans la visite de la maison, refusent catégoriquement tout pourboire. C'est un fait à noter et un exemple à proposer.

J'ai eu le temps de faire une promenade en voiture dans la vallée, de visiter quelques églises, et de regagner la station pour cinq heures. A huit heures j'arrivais à Naples.

15 décembre.

A 2 heures après-midi, nous rentrons à Rome. Grande joie à la procure des Chartreux. *Te Deum* d'actions de grâces !

BESANÇON. — IMPRIMERIE HENRI BOSSANNE

www.ingramcontent.com/pod-product-compliance
Lightning Source LLC
Chambersburg PA
CBHW051257050726
47595CB00008B/3292